Mi nariz es larga y peluda

por Joyce Markovics

Consultores:
Christopher Kuhar, PhD
Director Ejecutivo
Zoológicos de la ciudad de Cleveland, Ohio

Kimberly Brenneman, PhD
Instituto Nacional para la Investigación de la Educación Temprana
Universidad de Rutgers
New Brunswick, Nueva Jersey

BEARPORT PUBLISHING

New York, New York

Créditos
Cubierta, © ZSSD/Minden Pictures/Corbis; 4–5, © Ardea/Watson, M./Animals
Animals; 6–7, © Therin–Weise/Arco Images GmbH; 8–9, © National Geographic
Image Collection/Alamy; 10–11, © Roberto Tetsuo Okamura/Shutterstock; 12–13,
© ZSSD/Minden Pictures/Corbis; 14–15, © Christian Musat/Shutterstock; 16–17,
© Luciano Candisani/Getty Images; 18–19, © Ardea/Watson, M./Animals Animals/
Earth Scenes; 20–21, © Ardea/Watson, M./Animals Animals/Earth Scenes; 22,
© Christian Musat/Shutterstock; 23, © iStockphoto/Thinkstock; 24, © iStockphoto/
Thinkstock.

Editor: Kenn Goin
Editora principal: Joyce Tavolacci
Director creativo: Spencer Brinker
Diseñadora: Debrah Kaiser
Editora de fotografía: Michael Win
Editora de español: Queta Fernandez

Datos de catalogación de la Biblioteca del Congreso

Markovics, Joyce L., author.
  [My nose is long and fuzzy. Spanish]
  Mi nariz es larga y peluda / by Joyce Markovics; consultores: Christopher Kuhar, PhD, Director
Ejecutivo, Zoológicos de la ciudad de Cleveland, Ohio; Kimberly Brenneman, PhD, Instituto
Nacional para la Investigación de la Educación Temprana, Universidad de Rutgers, New Brunswick,
Nueva Jersey.
      pages cm. — (Pistas de animales)
  Includes bibliographical references and index.
  ISBN 978-1-62724-583-8 (library binding) — ISBN 1-62724-583-9 (library binding)
  1. Myrmecophaga—Juvenile literature. [1. Anteaters.] I. Title.
  QL737.E24M3718 2015
  599.3'14—dc23
                                    2014031728

Para más información, escriba a Bearport Publishing Company, Inc., 45 West 21st Street, Suite 3B,
New York, New York 10010. Impreso en los Estados Unidos de América.

10 9 8 7 6 5 4 3 2 1

Contents

¿Qué soy?

Mira mi cola.

Es larga y tupida.

5

Mis garras son afiladas y curvas.

6

Tengo pelos
duros en el lomo.

Mis orejas son pequeñas y redondas.

Mi nariz es larga
y peluda.

13

Tengo una franja blanca
y negra en el cuerpo.

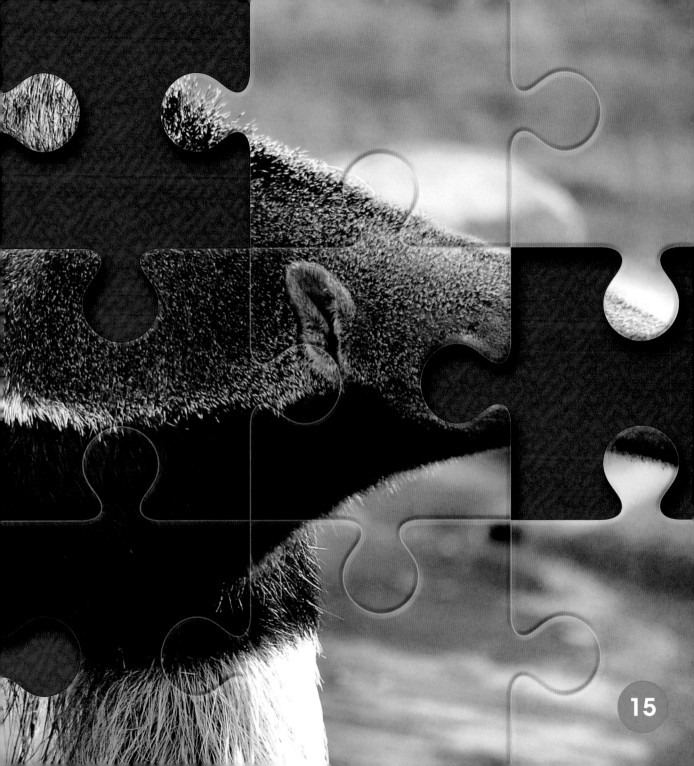

Tengo una
lengua larga
y rosada.

17

¿Qué soy?

¡Vamos a
averiguarlo!

19

¡Soy un oso
hormiguero gigante!

Datos sobre el animal

Los osos hormigueros gigantes son mamíferos. Como casi todos los mamíferos, los osos hormigueros gigantes dan a luz criaturas vivas. Las crías beben leche de su madre. Los mamíferos también tienen la piel cubierta de pelos o pelaje.

Más datos sobre los osos hormigueros gigantes

Comida:	hormigas y termitas
Tamaño:	5 a 7 pies (1,5 a 2 metros) de la nariz hasta la cola
Peso:	60–140 libras (27–64 kg)
Esperanza de vida:	14 años
Dato curioso:	La lengua de un oso hormiguero gigante puede medir más de 19 pulgadas (48 cm) de largo.

Tamaño de un oso hormiguero gigante

¿Dónde vivo?

Los osos hormigueros gigantes viven en selvas y pastizales de América del Sur y Central.

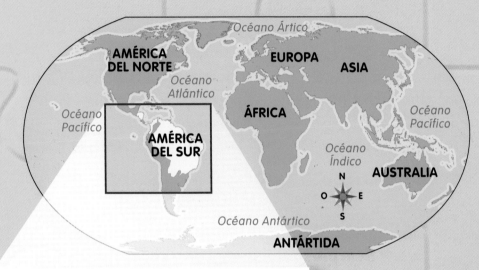

Donde viven los osos hormigueros gigantes

Índice

Lee más

Antill, Sara. *Giant Anteaters (Unusual Animals).* New York: Windmill Books (2011).

Gillenwater, Chadwick. *Giant Anteaters (Pebble Plus: South American Animals).* North Mankato, MN: Capstone (2012).

Aprende más en línea

Para aprender más sobre los osos hormigueros gigantes, visita **www.bearportpublishing.com/ZooClues**

Acerca de la autora

Joyce Markovics vive junto al río Hudson, en Tarrytown, Nueva York. Le gusta estar rodeada de criaturas que tengan pelos, aletas y plumas.